JN409469

뻐꾹새 울겠다

이남기 시집

이남기시집
빼꾹새 울겠다

■
초판인쇄　2012년 6월 15일
초판발행　2012년 6월 20일

■
지 은 이　이 남 기
펴 낸 이　서 정 환
펴 낸 곳　신아출판사

■
등　　록　1984년 8월 17일 제28호
주　　소　전주시 완산구 태평동 251-30
전　　화　(063) 275-4000, 252-5633
E-mail　sina321@hanmail.net

책 값은 뒤표지에 있습니다.

ISBN　978-89-97700-27-1　03810

※ 저자와 협의하여 인지는 생략합니다.
※ 잘못된 책은 바꿔드립니다.
※ 이 책은 전라북도 문예진흥기금을 지원 받았습니다

자서自序

사랑이 아름답다는 것은 누구나 안다. 그러나 나는 사랑에 관한한 엉터리다.

지금껏 한 번도 사랑이라는 진실 속으로 들어가 본 적이 없었다. 참으로 부끄러운 일이다. 그래서 오랜 시간을 두고 내 자신 내면의 밑바닥을 들여다보기에 이르렀다. 결국 나는 내 마음속에 사랑의 씨앗이 싹트지 못하고 있음을 알았다.

각박한 세상을 살아온 탓이리라. 누구나 그럴 수 있다. 가진 것이 없는 사람은 그렇다 치고 있는 사람마저 더 가지려고 욕심을 내다보니 삶을 돌아볼 틈이 없는 것이다.

이쯤에서 사람의 심성을 치유하는 것이 독서라는 것을 알았다. 그 후 닥치는 대로 무엇이든 읽었다. 신문과 잡지, 만화와 소설, 수필, 시집 등등. 책 속에 나있는 길은 한결같이 반듯하고 아름다웠다.

그래서 아름다운 에세이를 쓴 작가도 찾아가보았고 그림 같은 시의 저자도 만나보았다. 그때마다 얻은 것은 실망이 더 컸다. 그들이 책 속에 글처럼 아름답지만은 않았다.

내가 여기 쓴 시들도 나의 이상을 그렸을 뿐임에 부끄러움을 금치 못하며 나의 앞길에 돌다리 하나쯤 되었으면 좋겠다고 생각한다.

■ 차례

제2부 _ 입춘장미

제3부 _ 하늘 쳐다보기

제1부 _ 뻐꾹새 울겠다

뻐꾹새 울겠다

해만 좋아하는
우리 엄마 고향은
뻐꾹새 울겠다.

내 유년의 시절은
물놀이를 하고

풀피리 삐익 삐익
그리운 동무들

아버지 괜한 기침
하루해가 짧다.

2009. 문맥 제33호 게재

기차를 타고

쭉- 가고 싶었다.
마음속 끝까지
찌든 감상을 떨치며

쭉- 가고 싶었다.
인생길 뒤돌아
우리 어머니 품까지

쭉- 가고 싶었다.
세상이 잠들고
별들이 반짝이는 곳

수락폭포

한때 하늘의 분노에
지구는 열병을 앓았다
결국 마그마를 토하고
바닷물을 퍼 마시다가
거기 변산면 도청리에
그대로 고꾸라져
가파른 산이 되었을까

역사는 운명 지어진다
그래서 하늘도 가끔씩
눈물을 흘리는 법인데
그럴 때마다 도청산은
폭포수로 목욕재계 후
오로지 순종을 고한다

그래 명명된 수락폭포

천년을 쏟아져도 좋을
영원한 영겁의 순종!
바람마저 절로 머문다

탁상목련

거기 아무도 없소?
쥐도 새도 모르게
동백을 희롱하고
사라진 자가 뉘요.
붉은 연지만 바르고
시집가겠다는 그녀가
사는 게 뭔지 알까.

귀 좀 빌려주시오.
오직 나만 바라보던
파마머리 분재와
가히 청순한 난초도
좀이 쑤셔대는지
부러운 눈치네요.

거실 탁상에 새겨진

해묵은 목련꽃조차
그나마도 짧은 봄을
탐낼 게 뭐요.
종달새는 어찌하라고.

강바람

임자 없는 낚시터에
부질없는 나뭇잎 배
누가 띄운 기다림인가

세월은 그 배에 싣고
나는 갈매기와 놀거나

물도 절로 산도 절로
하늘도 절로 있는데
가슴을 적시는 강바람

동고사東固寺

하늘에 매달린 동고사
그 미끄러진 발아래
굽이굽이 돌아나는 전주천

풍경소리 바람에 지고
목탁소리 허무에 쌓이는데
외로운 노승의 독경소리
괜한 산새만 울린다.

햇살 시드는 서산마루
거뭇거뭇 피어나는 땅거미
별들은 촛불을 켜고
익어가는 산사의 침묵.

2011. 전북문단 제64호 게재

인력가게

새 아침을 알려주려고
창문을 기웃거리는 먼동
(그가 놀라지 않도록)
이 창문을 살며시 열면
도로에 빌붙은 인력가게

팔려가는 사람들
공치고 돌아가는 사람들
돈이 만든 노예시장
뉘 승자고 뉘 패자인가

가는 사람 가거니
세월은 거기 기다릴거나

봄바람

목련도 예쁘지만 동백도 만만찮다
그러니 어찌할까 내 마음 나도 몰라
막연한 투정일거나 냉가슴을 찧으며

봄봄봄 얼씨구나 지화자 봄봄봄봄
바람만 바람나고 내 임은 청산 가자
내일이 종말일거나 그러려니 세상은

당연하지

벚꽃 지는 소리에
이른 아침 눈을 떴다.
제풀에 떨어지는 꽃잎처럼
다한 어둠이 수런수런
떨어지고 있었다.
마당에 나가
어둠을 마저 쓸어버리고
왠지 챙겨쌓는 아내와
식탁에 마주 앉았다.
아니나 다를까
쓴 찬이 하나 더 있었다.

내 시집 "사랑하는 이유"를
다 읽어 보았더니 별것도
아니더라고 말을 건다.
『참! 시에서 금붙이라도

나올 줄 알았다면 바보지.』
별것 아닌 시가
좋은 것이라고 말해 줬더니
짧은 시도 몇 개 있던데
그런 것은 자기도 쓰겠단다.
『그럼, 당연하지.』
그러니까 나 같은 사람도
그 시집을 낸 것이다.
내 시집은 오늘 겸연쩍었다.

갈매기

내일은 논개를 만날까
이순신 장군을 만날까
마음속을 헤매고 있었다.
누구를 만난다고 해도
이 가슴은 벅차리라.
지난 밤 그리 애탔기에
지금도 그 밤 같다.

초롱초롱 샛별 같은
문우들의 시선에 이끌려
촉석루에 첫발을 디뎠다.
거기 벼랑 끝 남강에
의암을 보기가 민망하여
시선을 하늘로 돌렸다.
그 하늘도 알고 있었다.
앗! 가슴이 뜨끔했다.

찢어질 것만 같은
염통을 싸매고
허둥대는 발걸음으로
통영의 세병관을 찾았다.
내 염통도 씻어 보려고.

남망산이 손짓을 해왔다.
김춘수의 꽃, 그 시향이
포성을 잠재운 항구에
장졸이 귀향한 거북선은
깃발을 내리지 못하고
그 날의 갈매기만
허공을 오락가락하였다.
유치환의 깃발은 정말로
소리 없는 아우성인가.

운명

오직 목숨을 건
운명의 바보

정토원도 그 뿐
바람은 운다.

봉화산 호미 불
그도 서러워

한 조각 죽음을
거두고 있다.

○ 노무현 대통령 서거(090523)를
애도하는 시

※ 정토원淨土院, 봉화산烽火山,
불佛=호미를 든 관음개발성상

동창東窓

동창을 열겠습니다.
정화수 길어 오시는 어머님
물동이 비우는 소리가
들려올 것만 같아서

동창을 열겠습니다.
먼동을 지고 오시는 아버님
힘겨운 기침 소리가
들려올 것만 같아서

동창에 귀 대고
바라는 소리는 까만 그리움
인생길 되돌아가는 날
그 소리 들려오겠지

제비

"비제! 비제! 비제!"
제비, 저 예쁜 놈들이
아침 인사를 하는구나.
---------- 어쩌면
혹시, 우리 제비일까?

이슬 젖은 먼동을
허겁지겁 걷어 올리고
하늘을 끝까지 훑었다.
---------- 역시나
없다. 앞집 제비구먼.

강남 간 우리 제비는
흥부네 보물박씨라도
물어오려고 늦는 걸까?
해마다 세 한 푼 없이

변명만 하며 살더니
염치가 있긴 있나보다.

난 아무렇지 않다.
비어 있는 처마 밑을
좀 내준 것뿐이다.
인심이 흉한 집은
짐승도 꺼린다 했는데
---------- 아무튼
앞집 볼 낯이 없구나.

타향에서

연기에 굴뚝, 봉선화에 장독대,
꼬불꼬불 고향집 골목길.
어쩌다 생각이 나면
떠나온 그 길 뒤돌아
발자국을 세어봅니다.
당신은 누구십니까?

참새 방앗간, 첨벙대는 빨래터,
껑충껑충 뛰어간 돌다리.
어쩌다 생각이 나면
그대 없는 맨 허공만
부질없이 탓해봅니다.
당신은 누구십니까?

나는 고향을 갈망하는 나그네

산은

골짜기에 흐르는 물은
도란도란 이야기를 했다.
내일까지 탐내지 않고
현실에 족하는 산새는
홍알홍알 노래를 불렀고
순수하게 부는 바람은
팔랑팔랑 춤을 추었다.

산은
누구도 차별하지 않았다.
오르고자 하는 사람에겐
그만큼을 내주었고
산을 내려가는 사람마다
끝까지 바래다주었다.
산은 이미 알고 있었다,
우리가 뭘 원하는지.

가랑비

누군가 부르는 것 같아
곤한 새벽 창을 열어보니
맥없이 내리는 가랑비

아침밥 어둠에 비벼 먹고
어머니 손에 이끌려
감자 심으러 가던 새벽
그 때도 가랑비였습니다.

찰박찰박, 찰박찰박…
이제야 돌아오는, 그 때
그 걸음소리는 여전한데
결코 오지 않는 어머니.
그날처럼 어머니께서
내 손 잡아주실 때까지
이대로 천리를 가볼까?

가랑비에 젖은 새벽은
저 홀로 어둠을 개이고…

무욕無慾

산과 산 돌고 돌아
굽이진 골짜기
갯버들 통통히 물오르고
가제는 살이 차겠다.

아침 안개 개인 들녘
아비는 논두렁 깎고
어미는 콩밭을 매자.
누이는 샛거리를 내겠지.

긴긴 해 서산에 지면
별빛 초롱초롱 영글고
소쩍새의 애달픈 연가는
서낭당에 가득 하겠지.

2009. 전북문단 제58호 게재. 2012. 퇴고. 연가戀歌

인생

난 하늘로 가고 싶은데
이 길은 강으로 가자하고
저 길은 산으로 가자하네.

고뇌의 길을 따라
달리고 달리었건만
고작 끝없는 질주.
흘러만 가는 세월에
맨주먹 허영심일랑 씻고
한 뼘 체면도 내려놓으리.

인생은 어디까지인가?
아직 내 존재를 외면하며
황천으로 가는 바람.
날은 저 홀로 저물고.

피안에 가는 길

일생을 돌아가는 시간은
채 구십분도 걸리지 않았다.
거기 피안彼岸이 있으리라.
한 줌 재만 이승의 몫이다.

그의 시체는 두려움 없이
곧장 화장로로 들어갔다.
그 세상은 불바다였다.
안된다, 안돼. 친구야!
급히 그의 이름을 불렀으나
이 외침만 슬펐다.
친구여, 대답은 못할지라도
내가 마지막 부르짖는
너의 이름 소리는 가져가라.
하지만 간곡한 절규마저
그 화염 속에서 불타버렸다.

피안에 가는 길은 무소유
바로 그것이었다.

2009. 문맥 제33호 게재

현실도피

정말 미치고 싶었다.
맨 정신으로는 못 살겠다.
그래서 산에 올라가 하늘로
고래고래 고함을 질렀다.
야, 비겁한 놈들아!
이 세상 좀먹지 마라!

이리 사정을 해보았건만
위대한 하늘은 답이 없구나.
산만 메아리를 보내왔다.
비겁할 때 비겁하고
좀먹을 때 좀먹으라고.
눈치 보며 적당히 살라고.

이 답이 부끄러워서
눈만 껌벅거리는 내게

뭔 지랄이냐고 따지지 마라.
난들 벙어리 짓이 좋겠나?
이게 내 본심은 아니다.

2011. 문맥 제37호 게재

마이산에서

특산품매장 앞에 한 스님은
모든 사람에게 절을 했다.
그 분이 사장은 아니었다.
나는 엉겁결에 당한 터라
가까스로 자세를 가다듬고
허겁지겁 맞절을 했는데
대다수는 호객행위로 알고
귀찮은 듯 삐쭉 손만 저었다.

서로 돌아앉은 마이산 쌍봉
동봉은 동쪽으로 가자하고
서봉은 서쪽으로 가자는데
저만큼 미끄러진 사찰에
목 긴 돌탑만 슬프다.

스님이 특산품매장 간 사이

사바의 언덕에 내리붙어
대웅전 주불을 희롱하며
겁 없이 웃고 있는 능소화
그 무엇이 해탈입니까?

허와 실

암만, 그 집 찐빵이 최고지!
그 이유는 면장도 모른다.
다만 이런 저런 사람들이 한 목소리다.
콧구멍만한 그 빵집에
주방장 같기도 하고 종업원 같기도 한
김 사장 자신은 캄캄했다.
면대로 봐서는 그 빵집의 회장님 같은
귀걸이가 귀보다 훨씬 큰 사모님은
보나 마나 뻔한 노릇이다.
빵만 잘 팔리면 될 일이지.

사모님이 옆구리에 끼고 다니는
누런 황금 가방을 보기라도 하면
세인들은 껌벅 죽는다.
어쩌면 그 가방은 모조품일 수 있다.
그러나 밀가루 반죽 같은 김 사장과

반죽에 불어 튼 그의 손에는 냉정하다.
빵집만 삼십년이 넘은 김 사장은
예 예 하며 허리 굽힐 줄 아는 진짜다.
빵만 잘 팔리면 될 일이지.

나는

삼천리강산에
해와 달과 별과 바람과
숨바꼭질하며 그리 살고 싶네.
친구는 책과 연필과 놀다가
더위가 꺾이는 오후 새때쯤
꿰미 챙겨 전주천으로 오게나.
도랑 치고 가재 잡으며
우리 날줄과 씨줄이 되어
우정 한 폭 잘 짜보세.

나는 나그네가 될 테니
친구는 꼬옥 대통령이 되게나.
높이 되어 만날 수 없어도
도랑 치며 가재 잡는 것이
세상사 이치임을 잊지 말고
하루를 백년같이 살게나.

동해물 마르고 백두산 닳거니
바람처럼 살고 싶은 나는
가끔씩 하늘로 까치발을 하고
달도 따고 별도 따본다오.

2011. 문맥 제37호 게재

시작詩作

제풀에 글 하나 썼다고 해서 그게 시는 아니네.
세상의 긍정이 필요하네.

시작은 산을 오르는 것과 같을 것이네.
산은 그 산인데 봄산과 여름산이 다르고
가을산 겨울산이 달라서 오를 때마다 낯설었네.
그래도 벗한 지 십 년 도라지를 알려주었어.
죽도록 그 산만 벗하기로 했네.
언젠가는 산삼도 알려주겠지.

시작은 술을 빚는 것과도 같을 것이네.
인내하면 인내할수록 맛과 향은 깊어지는 걸세.
시작은 샘을 파는 것과도 같을 것이네.
판다고 다 물이 나오지는 않겠지.

아무리 몰라도 시를 어떻게 쓰냐고 묻지 마소.

시는 쓰는 게 아니라 문득 문득 쓰이는 거라네.
다만 시인은 그 시의 이상에 대하여
아름다운 날개를 달아야하네.

2012. 전북문단 제66호 게재

시풀이

뻐꾹새 울겠다(12쪽) = 뻐꾹새는 하지 무렵 한낮 더위에 시골의 산자락에서 울어대곤 합니다.

밭일 하시는 어머니는 새벽에 나가면 어두워질 무렵에야 돌아오곤 했습니다. 집에서 혼자 놀아야했던 유년시절, 나에게 어머니는 해만 좋아하는 사람으로 생각되었습니다.

나는 동네 또래들과 개울에서 물장구도 치고 풀을 뜯어 손가락 사이에 끼고 입을 맞춰 불면 삐익 삐익 소리가 났습니다. 그 소리를 떠올려 그때 함께 놀던 동무들이 그립다고 한 것은 강한 이미지를 부여코자하는 역발상입니다. 아버지는 일에 치어 하루 종일 끙끙대며 돌아다니셨습니다.

당연하지(22쪽) = 세상에는 당연한 일이 많기도 합니다. 이를테면 잠자리에서 일어나면 세수하고 밥 먹고 일터로 나가는 것은 보통사람들의 당연한 일입니다. 하지만 때로는 어떤 사안에 대하여 검증되지 않은 얄팍한 상식을 가지고 마치 타당한 것처럼 말해버리는 수가 더러 있습니다.

2009년 봄, "사랑하는 이유"라는 시집을 냈는데 아내는 그 시집을 읽고나서 별것 아니라고 말을 걸어왔습니다. 그래서 별것 아닌 것이 좋은 것이라고 일러줬습니다. 별것이 아니기에 나 같은 사람도 시집을 낸 것입니다. 아무튼 많이 고민했던 시집인데 별것 아니라니 겸연쩍었습니다.

피안에 가는 길(36쪽) = 사람이 이승에서 살다가 죽어 저승으로 가는 것은 어쩔 수 없는 순서입니다. 불교에서는 진리를 깨닫고 도달할 수 있는 이상적 경지를 일컬어 피안彼岸이라고 했습니다.

피안은 편안하게 쉴 수 있는 곳일 것입니다. 현실적으로 말한다면 양지 바른 저 언덕에 무덤이 아닐까요?

수 년 전 요절한 친구의 시체를 화장하러 갔던 일이 있습니다. 친구의 시체는 90분 만에 한줌의 재가 되었고 오로지 침묵만 흘렀습니다. 그가 죽도록 갈망하던 부귀와 영화는 한 낱 바람에 불과했습니다.

제2부 _ 입춘장미

입춘장미

대원이 아빠, 잘 다녀와요!
안방에서 입에 밴 아내의 배웅
내 코가 어디에 달려있는지
알 수 있으니까 그럴 거야

동당동당 계단을 내려서니
아랫집 꼬부랑 할머니가
새파란 나에게 길을 비켜주며
“잘 다녀오세요.” 그런다
“입춘立春도 춥네요.” 라고
고마움을 건네며 지나치는데
“우리 애가 올 시간이어서”
라는 대꾸를 해왔다
그 집 애는 택시를 운전하는
마흔세 살배기 아들이다

우리 안식구도 이러면 좋겠다.
오늘 아침 그분은 내 출근길에
싱그럽게 핀 붉은 장미다
오래토록 사랑하고 싶은…

2011. 문맥 제36호 게재

가을 아침

밤새 간간히 부는 바람은
나뭇가지를 붙들고 윙윙거렸다.
여름날의 추억을 앗아가는 아우성.
너무 빠르다, 이방인의 세월인가.
부러 이 새벽을 모른 채 하리라.

그저 여름이라는 미명으로
초원에 망아지 같았던 나날들,
그 세월을 미워하지는 않으리.
여름 내내 허수아비만 사랑했었다.
이제는 그만 가을맞이 가자구나.

사랑하는 아침은 그대로 아침인데
공연스레 보채는 초가을의 햇살.

2011. 문맥 제37호 게재

짝사랑

봄을 갈망하는가.
눈 내리는 시청광장 늙은 소나무
그는 목련꽃이 그립다고
내 출근길에 하소연해왔다.
아직 눈도 뜨지 않은 개나리는
덩달아 칭얼거리고.

하지만 난 동의하지 않는다.
다만 안면을 몰수하지 못해서
가던 발걸음을 멈칫 멈칫했을 뿐

소나무야, 정말 미안하다!
난 설원에서 고고하게 사색하는
청순한 네 모습을 이미 사랑했다.
이 겨울을 보내고 싶지 않구나.

메주

오죽이나 못 생기면 메주 같다더라.
그렇다고 깔보지 마라.
오로지 너의 건강만 챙겼다.
뭉개질 듯한 찜통고문도 받았고
어찌나 두들겨 맞았던지
몰골이 꼴이 아니다.

뚜덕뚜덕 틀에 넣고 무참히 짓밟아
짚으로 묶어 시렁에 매달더라.
그래도 너의 건강만 챙겼다.
혹시나 중상모략일랑 하지 마라.

깊은 주름에 누렇게 뜬 얼굴이지만
오로지 간장을 내리고 된장이 되어
너의 피가 되고 살이 되리라.

비상飛上

해도 잠든 밤하늘에
며느리마냥 예쁜 달과
손녀처럼 아까운 별
삼삼오오 그려 놓고
소쩍소쩍 두메산골
실낙원을 꿈꾸며
한없이 떠올리는 상상의 날개.
내 스스로 세운 장대 끝에
간간이 나부끼는 깃발.

접수창구

노병원, 창백한 벽을 부축하며
코딱지처럼 붙어있는 달력.
바싹 다가서서 쪼아보니
내일 모레가 놀 토요일인데
개천절에 한가위까지 겹쳤다
그나마도 빨리 가는 세월인데
세 번 쉴 날이 한꺼번에 왕창
없어져버리는구먼…

시끌벅적한 병원의 접수창구는
흡사 해골끼리 다투는 꼴인데
환자처럼 맥 풀린 불빛에 유독
번쩍거리는 스님의 두상은
한가위 보름달이 무색하랴.

스님은 왜 거기 끼어있습니까?

생로병사의 이치를 아시면서
무슨 병을 고치려는 것입니까?

임은 들려도 못 들은 체하는데
나는 못 들어도 들은 체하고
임은 보았어도 못 본 체하는데
나는 못 보았어도 본 체합니다.

속물俗物

생년월일과 시를 묻고
차례표 7번을 주었다.
성씨와 이름은 아무 소용없었다.
하지만 역술인 회원증에는
1944. ×. ××. 생일과
이 아무개라는 성명이 적혀있다.
끝줄, 협회장 박광열 뒤에 찍힌
직인의 빛바랜 그림자는, 똑똑한
이집 간판을 비웃는 듯하다.
간판에 "처녀점"이란 글자는
가는 세월을 탓하는 역설일까?

앞 사람의 사주풀이가 시작됐다.
"북쪽약, 근친고민, 여자조심,
사기조심, 남쪽약, 낭비운 … "
당사자는 도망치듯 사라졌다.

20년 단골 부장판사란다. 이미
손님들의 고개는 갸우뚱하다.

내 차례가 왔다. "대운, 자손복,
처복, 79세 넘기면 88세 … "
그녀는 내게 신수가 훤하다면서
다음 손님의 차례를 끌어당겼다.
이 허무맹랑한 말에, 난 하늘로
날아갈 생각을 하고 있었다.

2010. 전북문단 제62호 게재. 2012. 퇴고

바보와 거지

바람조차 얼어붙은 새벽
고향집 아궁이도 속이 타겠다.
폭설은 밤새 길을 묻어버렸고
대책 없이 무너진 비닐하우스,
빙판에 고철로 나뒹구는 자동차,
이름뿐인 수도꼭지, 이 모두가
겨울이 연출해낸 생지옥이다

그 지옥문을 열어 보았다
이미 동장군에게 항복한 세상은
눈보라 속에 처박혀 있고
똥 묻은 개 한 마리가 서성인다.
아마 내 자화상일지 모른다.
언젠가 무시했던 바보가 나였고
멸시했던 거지도 결국 나였다.
난 누구며 누가 나인가.

세상보기2

어제는 모악산에 갔었다.
급히 앞질러 가던 사람들은
결국 산허리에 주저앉아
내게 앞길을 내주었다.

가까스로 오른 산정에는
산신山神과 천신天神과
풍신風神이 겨루고 있었다.
발아래 보이는 인간세상은
겨우 손바닥만 했다.

산정에서 천하를 얻었으나
하산은 도리어 허전했다
무심코 내려왔더니 그 산은
이미 떠나가고 있었다.

오늘 밤

오늘 밤 나는 혼자 있다.
모처럼 찾아온 고독을 달래며
40년도 넘게 과거로 가보았다.

어릴 적 쌈터이기도 했던
읍내 초등학교는 그대로 있고
내 희망의 전부였던 선생님은
그 교실에서 수업 중이었다.
이제 막 부화한 햇병아리처럼
왠지 눈망울이 슬퍼서
마음을 늘 짠하게 했던
영숙이는 아직도 거기 있었다.

난 지금껏 가슴에 묻어두었던
그녀의 이름을 꺼내 건넸으나
이미 사라진 그림자뿐이었다.

그 밤은 그렇게 새거니, 나는
창가에 기대어 서성이고.

세상보기3

소문 자자한 최 부잣집
대문에서 현관까지는
한 손에 잡히는 보물들이고
현관에서 안방 문까지는
보듬고 갈 만한 명품들이다

누구나 보물을 만져도 좋고
심지어는 하나쯤 업어가도
그는 모른 채 해주었다.
그게 다 도둑님 접대용이니
안방까지 탐하기 전에
뭐든 들고 나가면 그뿐이다

대문은 반드시 열어 놓았다
기왕 맘먹은 도둑님이라면
월담인들 하지 않겠는가.

자칫 도둑님 심사를 건드려
이성을 잃게 하는 날에는
결국 누가 피해를 볼까.

봄인데

산에, 산에는
진달래꽃 피고 지고
강에, 강에는
끼룩 끼룩 외는 갈매기

봄은 봄인데 정처 없는
봄이라. 산으로 갈거나
아니, 강으로 갈거나
그 봄이 내게로 와서
이리 설레게 하는 것을.

봄은 저 홀로 애태우고
세월인들 흘러만 가고.

2010. 문맥 제34호 게재. 2012. 퇴고

쿵쿵

"노대통령 서거 1주년"이라는
걸개홍보지가 나부끼는 골목을
"고물 사요, 고물!"하며
손수레가 지일지일 끌려간다.
그 꼬리를 물고 도는 모퉁이엔
"하늘 믿고 천당 가세요"라는
누군가의 낙서가 다소 서글프다.

과거와 현재, 그리고 미래가
공존하는 그 골목에
교육감 출마자의 현수막은
어머니 이제 걱정 말라는데
맞은편 선관위의 현수막은
이제 투표로 말하잔다. 이때
무단히 헛기침이 나왔다, 쿵쿵.

1960년 우리 동네

우리 집과 영희네 집 사이
울타리에 핀 목련꽃
그 목련꽃은 영희가 좋았는지
영희네 집 쪽으로 기울었습니다.
나무 뜻대로라면 영희네 것인데
우리 엄마 친구들은
우리 목련꽃이 피었다고 합니다.

울타리는 구멍이 절로 나지만
대개는 짐승들이 구멍을 냅니다.
개와 닭은 물론 새끼돼지들도
앞집 뒷집 옆집까지 들랑거리며
떼 뭉쳐 얻어먹고 다닙니다.
온 동네가 멍멍! 꼬끼오! 꿀꿀!

해가 떨어지면 우리 어머니들은

제 새끼는 그만 두고
돈 되는 짐승들 숫자만 셉니다.
그렇거니 애들은 잠이 들고.

2010. 문맥 제34호 게재

각시바위

호랑이 담배 피던 그 옛날
해가 서산에 질 때면
전주천에서 노닐던 학들도
그 산으로 날아들었으니
이름하여 학산이라. 그는
천년전주를 알고 있었을까.

고고한 학산 양 날개 아래
사람들이 모여 살았으니
동서학동과 서서학동이요.
소문을 길어가는 우물가
임자 없는 벙어리바위는
아낙들이 소원을 빌었어라.

나는 새도 벌벌 떨었던
당대 명포수 정용은 감히

학산으로 사냥을 갔건만
아직 이렇다할 소식은 없고
그에게 갓 시집온 각시는
임자 없는 벙어리바위에서
끝내 그를 그리다 죽었으니
이를 일컬어 각시바위여라.

2010. 문맥 제34호 게재. 2012. 퇴고

꼴뚜기

뒤엉킨 시장바닥에서
자기도 좀 먹고 살자는
푸성귀 파는 노파의 절규에
늘어질 대로 늘어진
장꾼들 걸음은 마저 주춤해지고
어물전 꼴뚜기만 덤으로 팔렸다

비린내를 피해 등진 선술집
타는 목을 축이자며
초면에 거칠게 들어서는 사나이
그의 거드름에 주모인들
당연히 못마땅한 기분일터
후딱 먹고 가라며
손님을 내쫓다시피 한다.

해는 서산으로 너부시 업히고

어둠은 장꾼들을 몰아낸다.
덜컹대도 좋을 시내버스를 타고
되새김 해보는 나의 하루가
그런대로 싫지 않다.

세상보기4

오늘도 잘 난 체하느라
속과 겉이 다르게 살았다.
온종일 애쓴 태양부터 보내고
내 퇴근은 천천히 챙겨 나왔다.

아내가 입원한 병원에 갔더니
내일이 작은 애 생일이란다.
큰 애가 데리고 백화점 갔다면서
몇 달 되지 않은 신혼에다가
선생님주재에 뭔 돈이 있겠냐고
내 돈을 있는 대로 내놓으란다.
어미 입원에 어버이날까지 겹쳐
큰 애의 적자는 뻔하다.
며느리 눈치도 보이고 해서
보상이라고 해도 할 말은 없지만
포상금 스무 장을 털어놓고

집에 와 식은 밥 한 술 뜨는데
작은 애만 불쑥 들이닥친다.
큰 애는 보고픈 내 맘을 모를까.
그 놈도 제 처가 더 좋은가보다.
답답함을 달래려고 창문을 여니
달빛에 물든 바람만 거기 있다.

그리움

기다림에 지쳐서
민들레 홀씨는 날아갔다
꽃대는 민머리인 채
그님을 그리워하는가.

가히 외면한 세월에
껄껄껄 목련꽃,
바람 맞은 앵두꽃,
제풀에 수줍은 개나리꽃
분분한 꽃향기는
보이는 만큼에 족하건만
그리운 임의 향기는
천리 밖 나를 유혹하네.

2011. 문맥 제36호 게재

동경憧憬

훈훈한 남풍의 손짓에
파래지는 언덕
머리 단장한 찔레꽃은
그 언덕 너머로 시집을 간다.

아낙은 김을 매고
고추는 토실토실 살이 찌고
아직 일 없는 허수아비는
거들먹거리다가 자빠졌다.

가을까지 아직 갈 길이 멀다.
시간을 쫓는 나그네
산을 넘고 넘어 물을 건너서
가도 가도 끝이 없어라.

야고보의 고백

어릴 적 어머니 손을 잡고
어느 개신교에 갔었다.
그 때 철부지인 내 눈에는
사람을 소외시키고
돈을 우대하는 것처럼 보여
어머니의 손을 뿌리치었다

자식을 낳아 여우기도 하고
그만 그만하게 살던 참에
부름을 다시 받아
첫 영성체하는 날
잠 깨어 십자성호를 긋고
성당으로 가는 발걸음
신이 나서 어린애가 되었다.

이미 천당에 계신 어머니,

당신의 가슴을 아프게 했던
저의 배반을 용서하소서!

※ 야고보 : 세례명

서지리산西智異山

노고단, 산은 높아서 좋고 골은 깊어서 좋아라.
달궁 계곡에서 수수백년 도 닦고 있는 수석들은
체면을 유수에 씻어대며 제 허울을 다독이고
하늘로 치솟은 산등성이엔 아침안개 쉬어가네

천지간에 의미 아닌 것이 어디 있으랴
계곡물 성급함은 오강에 오줌 싸는 소리 같아서
남정네 심사를 족히 유혹하고
산허리 감아 도는 모퉁이 바람결은
전봇대에 수캐 오줌 싸는 소리인양 마냥 야릇해
여인네 가슴팍을 설레게 하네.
하지의 비린 밤꽃향기 비구니 가슴을 적시고
황조롱이 서툰 날개 짓 땡추를 서글프게 하네.

화엄사 풍경소리 허공을 돌고 돌아
대웅전 마루에 엎드린 불자의 소원을 풀어주랴.

이를 지켜보는 서 오층석탑 묵묵부답이고
동 오층석탑 또한 별 수 없어 세월이 약이라
들면서 사천왕에게 모든 시름 죄다 빼앗겼건만
속세로 돌아오는 길은 도로 백팔번뇌였네.

2010. 전북문단 제61호 게재

아무렴

우리 집 살구나무는
비도 맞고 바람도 맞고
해도 만나고 달도 만나고
때로는 눈도 푹 뒤집어쓰며
제법 삶의 이치를 터득했다
아무렴, 그렇게 사는 거야

그는 이런 인연들로 인해
이제는 노란 살구를 내밀며
드디어 보답하고 싶은 거다
아무렴, 그렇게 사는 거야

이 시절이 흘러가면
스쳐가는 바람에게 제 잎을
아낌없이 뚝 뚝 따주겠지
아무렴, 그렇게 사는 거야

순천만 갈대

더 갈 수 없는 해변
갯벌에 허울인 채로
너 거기 서 있잖니
소통의 손을 흔들며
너 거기 서 있잖니

비바람 탓하지 않고
열심히 산 것뿐인데
백기를 들고 있구나.

하늘도 땅도 삭히고
바다까지 삭힌 늪,
그 자리 발을 묶고
네 꿈은 물새처럼
훨훨 날려 보냈어라.

동고산성과 여인

눈 비비며 뜨는 햇살이
아장아장 걸음마하는 아침
걸어가도 길, 쉬어가도 길, 그
길을 따라 승암산에 올랐다.
동고사를 따돌린 산정에
분통 터진 동고산성
그는 기린봉에 기대어 잠들고
하늘까지 닿은 침묵뿐

내친김에 기린봉으로 가는데
간간이 서있는 시비詩碑에서
들려오는 소리 없는 연가 .
세월은 가도 시詩는
나를 유혹하는 어여쁜 여인

한밤을 지낸 이 아침에도

그녀들은 내 가슴속에서 뛴다.
반갑고 설레는 인생의 뒤안길

※ 동고산성東固山城 : 전북 전주시
완산구 대성동 산25에 있음.

시풀이

입춘장미(52쪽) = 입춘장미란 입춘에 핀 장미를 의미하는 말인데 실제 노지에 있는 장미는 입춘에는 필 기미조차 없습니다. 아직 차가운 기온 때문이지요.

부부가 30년 정도 함께 살다보면 눈 감고도 상대의 코가 어디에 달려있는지 알 수 있습니다. 이러니 출근한다고 해도 안방에서 나와 보지도 않고 잘 다녀오라고 합니다.

아랫집에 사는 노인은 택시 운전하는 아들을 마중 나왔다가 나와 마주쳐 잘 다녀오라며 앞길을 비켜줍니다. 입춘인 그날 그분은 아내보다 더 고맙고 사랑스런 분이셨습니다.

바보와 거지(62쪽) = 우리는 바보와 거지를 좋아하지 않습니다. 그래서 그 바보와 거지가 나 자신일 수도 있다는 생각은 아예 엄두도 내지 못합니다. 만약 한번쯤 바보와 거지가 되어 본다면 우리의 사고와 가치관은 크게 달라질 것입니다.

폭설이 내려 자동차는 미끄러져 움직이지 못하고 수도꼭지는 꽁꽁 얼어붙어 물이 나오지 않는 겨울 아침은 지옥이나 다름이 없습니다. 길도 없는데 물조차 없으니 마냥 좋아서 날뛰는 개만도 못한 형편이 되고 말았습니다. 나는 현실을 그대로 수긍하며 바보와 거지가 되어보았습니다.

그리움(78쪽) = 어떤 대상이 좋아서 곁에 두고 싶어 애타는 마음을 그리움이라고 합니다. 그리움이란 망상과는 다른 경우입니다. 둘 다 실현 가능성을 배제한 말이지만 그리움은 그리움 그 자체로 아름답지요.

민들레꽃의 홀씨는 일정 기간 피었다가 하찮은 바람에도 날아갑니다. 이렇게 날아가는 세월의 틈바구니에서 껄껄껄 웃으며 피는 목련꽃과 바람 잡는 앵두꽃, 언덕에 숨다 못해 노랗게 수줍은 개나리꽃의 분분한 향기는 우리를 사로잡습니다.

하지만 꽃의 향기는 그뿐, 오직 그리움이 배어나는 사람의 향기는 천리 밖까지 속을 태웁니다.

제3부 _ 하늘 쳐다보기

하늘 쳐다보기

제발 비가 왔으면 하고
모두 하늘을 쳐다보았다
원성이 하늘에 닿았을까
드디어 비가 쏟아졌다

비는 이튿날도 내렸고
다음날도 계속 이어졌다
이제 사흘 전 그때처럼
모두 하늘을 쳐다보았다

하늘도 짜증이 나겠다.
소금장수는 그렇다 치고
이제 우산장수의 기분도
좋게 해줘야 할 텐데…

2011. 전북문단 제65호 게재

저승의 어버이날

어머님, 영면에 드신지 12년
너무나 보고 싶습니다.

카네이션 한 송이 들고 가
반듯하게 살겠다고
지키지도 못할 거짓말을
당신이 잠든 무덤 앞에
오늘 또 토해놓은 나의 독백
그래도 자식 편이시죠?

그만 눈물이 고갈되어
이승으로 돌아가는 아들에게
산길 고사리도 꺾어주시고
들길 쑥도 뜯어주시고
인생길 시詩까지 써주시고
자식이 그리 좋습니까?

비빔국수

새해 정초 첫 출근한 날
첫 점심은 부정 타지 말라고
청을 다 물리치고 외진 골목
분식집에서 국수를 비볐다

올해도 잘 봐달라는 의미로
나만 아는 우상偶像에게
비비는 연습을 해보는 것도
허사는 아닐 듯싶어 그랬다

살자면 비빌 때도 있는데
상 밑으로 내려 비비는 것이
쉬쉬하며 허용되는 일이다
하지만 부담 없는 국수는
당당히 상 위로 올려놓고
떳떳하게 비빌 수 있어 좋다

내일 또 국수를 비벼볼까

2011. 전북문단 제63호 게재. 2012. 퇴고

가을 소외

쓸쓸한 바닥을 딛고
산야에 물드는 넌
때때옷 입은 허울

내심 널 기다렸건만
너는 나를 외면하고
돌아서 가는 세월

눈치 챈 나무들이
때때옷 벗는 소리에
버스럭거리는 침묵

2010. 문맥 제35호 게재. 2012. 퇴고

후회後悔

난, 내 욕망의 산을 향해
물불 가리지 않고 올라왔어.
그러자니 다치기도 했지.
드디어 정상이 빤히 보이네.
바로 내 인생의 반환점이야!
나는 왠지 울고 말았네.

남들처럼 머지않아 나도
이 정상에서 하산해야겠지.
어떻게 내려가야 할까?
올라온 내 발자국을 거슬러
내려갈 수밖에 없는데
바른 길로 올라왔어야 했어.
잘 내려갈 자신이 없어서
자꾸 자꾸만 울고 싶네.

폭설

크리스마스를 맞은 아침
눈이 목 긴 장화만큼 쏟아져 있다
나는 어린애가 되어 갓길에
눈사람을 만들어 놓았다,
어릴 적 친구 철수를 닮은.

하나님이 주신 휴일임에도
웬 전화도 와쌓는다.
자동차가 미끄러졌다면서
시청에서 물어주느냐고 묻는다.
잇속이라면 빠삭한 그에게 나는
그저 만만한 친구다.
조심하지 않은 자기 과실이라며
빈 깡통소리로 그의 입을 막았다.

속세를 외면한 은빛 세상에는

구원하려는 십자가싼타와
소통하려는 전선싼타,
어둠속 이정표 가로등싼타, 그들이
하얗게 침묵하고 있는데.

※ 여기서 싼타는 어떤 물체가 눈을 하얗게
뒤집어쓴 상태를 칭함.

봄맞이

아직은 꽁꽁 언 텃밭에
덤으로 난 냉이가
시키지도 않은 꽃을 들고 와
내게 눈을 맞추고 있네요.

동장군 몰래 그리던 봄이
동구 밖까지는 왔지 싶습니다.
얼어붙은 골목도 손을 보고
마당도 쓸어 놓겠습니다.

모르면 몰라도 조만간
나무들은 눈을 틔우고
풀들은 새 싹을 내밀 것이오.
개중에 성미 급한 놈들은
꽃부터 서둘러 피우겠지요.

막상 당신이 내 집에 오시면
어찌할까 모르겠습니다.
나는 당신을 사랑하는 것밖에
아무것도 할 수 없어서.

삶의 도리

우리 집 감나무는
가시나 입술만한 감 하나를
내게 내밀고 있었다.
감을 따먹을 수도 있었는데
그건 미덕이 아니라서
그냥 바라보고 있었건만
오늘 아침은 빈 가지다
아마 까치의 짓일 테지만
가을을 도둑맞은 것처럼
여운이 떨떠름하다.
양지쪽에서 시린 볕을 쬐는
괜한 느티나무를 탓해볼까.
올해는 여기까지만 알자.

2010. 문맥 제35호 게재. 2012. 퇴고

여정旅程

세 번이나 넘어졌다. 고장 난 인생일까?
어머님 저승에 계시니 여쭤볼 수도 없고
전생에 무슨 업보인지

맨 처음 넘어졌을 땐 눈앞이 캄캄했다
그래서 봉사처럼 살았더니 그만이다
두 번째 넘어졌을 땐 어안이 벙벙했다
그래서 등신처럼 살았더니 그만이다
세 번째 넘어졌을 땐 가슴이 답답하고
입술이 굴뚝머리처럼 새까맣게 탔다
이제는 일어서지 말고 넘어진 채 살까?
인생에 우환은 달팽이 제 집과 같을 거다
몹시도 아프지만 그 아픔에 충실하자

그 새벽

가쁜 바람에 삐걱삐걱
낡은 유리창의 기침소리.
창백한 햇살은
나목의 가지에 펄럭이고.

이제 눈이 와도 좋겠다.
지나간 세월이야기
애써 외면한 채, 하늘로
뚱딴지같은 항변을 할까?
이게 아닐 것이다.
내 가슴에 눈을 내리자.
긴긴 밤 내내 쌓이면
그 새벽 서둘러 떠나리라.
저어 하얀 설원으로.

신천지, 그 곳에는

사는 도리가 있을 테다.
오만과 편견 다 내려놓고
그리 빈손으로 오리라.

모닥불

근질근질 왠지 좋은 아침
세상으로 뛰쳐나가, 텃밭
살구나무와 자두나무를 만났다.
겨우내 잘 살고 있었냐며
겸연쩍은 인사말을 건넸더니
둘 다 어려웠다고 한다.
아무튼 열매 많이 맺어달라고
부탁을 하였더니만 그들도
시 한편 지어달라는 청을 했다.
세상에 공짜가 어디 있겠는가?
아무렴 시 한 편이면 싸지.

작년에 솎아둔 나뭇가지와
낙엽을 모아 모닥불을 지폈다.
부르르– 불기운 치솟는 소리에
툭– 툭– 불똥 튀는 엇박자와

구수한 연기까지 어우러져
풍작기원 서사시를 읊어냈다.
이것은 살구나무와 자두나무가
나에게 청한 바로 그 시였다.
모닥불은 끝내 잠이 들고, 난
살 찐 살구와 자두를 꿈꾸고.

빚 갚기

달면 삼키고 쓰면 뱉자
사람의 본능을 그냥 참으라고 하면
얼마나 힘들겠는가?
오늘은 이 뻔한 세상의 문을 열어보았다

도로에는 자동차가 빽빽하다
경기장사거리에서 신호를 받아 서있는데
저편 동백예식장은 채무자들로 붐볐다
얼마 후 저승장례식장 영안실에 들러
얼굴도 모르는 고인의 영정 앞에
무릎을 꿇고 절을 올렸다
그 분도 나를 몰라보았다
내가 그분의 사위에게 진 빚을
갚으러 왔기 때문이다
저승은 빈손으로 가야할 것 같아서.

여보 미안

세상공부 칠 개월째인
손녀가 웃어서 따라 웃었다
훗날 따돌림 받지 않으려고
미리 비위를 맞춰놓는 거다
혹시 저에게 아부하는
내 속셈을 눈치 챘을까?
어쩐지 무안해서 그녀 뺨에
뽀뽀를 막 퍼부었더니
어미 촉감과 달랐던지
내 얼굴을 밀치다가 못해서
손톱자국을 선물로 주었다

난생 처음으로 해본
싫지 않은 사랑싸움에
마땅한 아내만 오해 받겠다
때로는 나도 고슴도치다

출세하려면

다 내려놓고 산에 갑시다,
오르면 오를수록 더 큰 세상이
거기에 있었습니다.

그깟 부귀영화는 그만두고
하늘의 시와 초목의 수채화
바람의 노래와 개울의 이야기
햇살의 축복이 거기 있습니다.

산을 오르려면 아무리 급해도
한 걸음씩 보태야 합니다.
고개는 숙여 길을 봐야하고
험한 곳은 기어갈 때도 있는데
덤으로 큰 절까지 뺏기는 것은
피할 수 없는 세상사입니다.

산을 제 아무리 오른다 해도
만능열쇠를 얻을 순 없습니다.
다만, 산은 그 높이에 따라서
각각 다른 열쇠를 내줍니다.

우체통

천당처럼 아늑할 것이다
적어도 지옥은 아닐 것이라는
생각을 하면서
김수환 추기경님 묘 참배행렬의
꼬리를 가까스로 붙들었다

한참 후에 묘가 보였다
천당커녕 초라하기조차 했다
수많은 사람들의 발아래
뭉개진 잔디와 반들반들한 흙은
다름 아닌 생지옥이었다.

모로 서있는 하트형 우체통엔
간절한 소망을 적어
하늘로 부치는 편지가 가득했다
나도 치솟는 욕심을 못 참고

쪽지에 적은 후 누가 볼까봐
우체통에 정신없이 밀어 넣었다.
일행은 이미 보이지 않고.

귀향

객지 삼십년을 등지고
막차에서 내린 고향

내가 왜 왔는가?
친구들도 보고 싶었다.
술심부름을 갈 때면
찔레꽃 향기처럼 혹했던
삼거리 술가게의
홀어미 냄새도 그리웠다.
그러나 그 맨 끝에는
늘 어머니가 있었다.

뻔한 이정표에 기대어
염통이 아리도록 떠오른
그리움을 세어보았다.
돌담길 하나, 사립문 둘,

반기는 멍멍이 셋,
아버지의 기침소리 넷,
어머니가 여는 문소리…

길들이기

사발시계가 띠리링 울리면
가족의 아침식사 시작신호다
이것은 아내와의 약속으로
우린 이렇게 길들어 있었다.

그러나 언제부터인가 시계는
이미 멈추어 있었는데
빛도 바래고 영 마땅치 않아
아내 몰래 내다버렸다
하지만 어제도 그 시간에
여전히 아침식사를 하였고
시계가 울리지 않은 오늘도
모두 그 시간에 식사를 했다
시계는 누구도 찾지 않았다

오월의 향연

꿀꿀한 마음을 파랗게 덧칠한 후
찬란한 태양과 그가 쉬어갈 구름,
오만한 대지와 그의 나무를 그렸더니
참새도 짹짹, 멥새도 짹짹거린다.

새들아, 노래하느라 수고들 했다
잘 대접한들 쌀 한 줌으로 족하지만
그나마 참새는 좋다고 해도
까치는 토라지고 말 일이다.
그들 입맛이 각자 다른 탓일 뿐
나 역시 몇 푼 아끼려는 것은 아니다
내친김에 주막이라도 가자구나

푸른 오월은 상상의 날개를 달았다

숨소리

아내를 태운 고속버스는
퍼덕이는 햇살을 마저 삼켜버렸다.
차창밖엔 침묵한 하늘뿐

강남터미널도 잠이 들어 조용했다.
아내를 맡긴 성모병원 응급실에는
22시 30분을 가리키는 벽시계만
제대로 돌아가고 있었다.
아내도 시계처럼 고쳐질까?

밤을 지새우고 두 끼를 걸러
골수검사를 마친 아내의 숨소리에
귀 대이며 한 시름 내려놓고
잃어버린 나를 겨우 찾아 나섰다.

허수아비는

허수아비는 봄이면
보리밭에 나가있었다.
무더운 여름에도
수수밭에 나가있었다.

그는 가을이 오면
논으로 나가있겠지만
가을마저 떠나버리면
하얀 눈썰매를 타고
내게로 오겠지

가을사색思索

파랗게 질겁한 허공에서
하염없이 바람잡이를 하다가
못내 빨갛게 익은 똘감
그래서 가을은 왔다

감나무는 때때옷 차려 입고
그임을 그리던 무릉도원으로
기어코 떠나려나 보다

내 가슴은 더 빨갛게 익어도
누가 알아주지도 않는
그렇다고 청할 수도 없는
가슴 짠한 짝사랑의 허수

어머니의 밭

우리 어머니는
누나가 상을 타와도
밭으로 가셨다
김을 매셨을까?

우리 어머니는
내가 말썽을 피워도
밭으로 가셨다
김을 매셨을까?

어머니의 밭은
모르는 도깨비 창고
기쁨도 가득한
슬픔도 가득한

기다림

바지를 동동 걷어붙이고
장승처럼 꽂힌 전봇대는
하늘을 번쩍 들어올렸다
질세라 노란 완장을 차고
짐짓 바동대는 모과나무
제 아니 독불장군이랴
어찌할까, 동짓달도 진다

검버섯 핀 돌담에 기대어
찬기를 개는 감나무는
서둘러 홍시를 꺼내들고
까치를 기다리고 있다
뜨겁게 익은 내 가슴일랑
정녕 누구를 기다릴거나

친구

오늘 그와 식사를 했다
분명히 갈치탕이 나왔건만
아구탕이냐고 돌려 물었다

그는 돈을 무서워한다.
음식값은 어차피 내 몫이다
다음에 만나면 아구탕도
또 사줄 수밖에 없다.

고추를 몽땅도 갈았다니
구부정한 허리 더 휘겠다.
그럴망정 그 친구는 예쁘다
친구의 돈이 미울 뿐이지.

2012. 문맥 제38호 게재

시풀이

하늘 쳐다보기(92쪽) = 모든 사람들은 누구나 올바르게 살기를 원하며 자신의 바른 모습을 대외적 가치로 여깁니다.

설사 자신은 비합리적인 방법으로 삶을 영위할지라도 자식에게는 누구나 바르고 떳떳하게 살도록 지원을 아끼지 않습니다.

우리는 가끔 비겁한 친구에게 하늘이 무섭지 않느냐는 말을 해왔습니다. 이 말은 바르고 떳떳하게 살자는 의미일 것입니다.

사람은 상황에 따라 간사한 것입니다. 제발 비가 왔으면 하고 속이 타게 애원했건만 우리는 사흘도 못되어 또 하늘을 쳐다봅니다.

여보 미안(109쪽) = 세상에 꽃을 싫어하는 사람은 없을 것입니다. 그러나 꽃은 우리가 마냥 좋아하는 것과는 달리 번식을 갈망하는 생존경쟁의 표현이라고 할 수 있습니다.

하물며 고슴도치도 자기 자식이 잘 되기를 바라며 가장 사랑스러워하는 법입니다.

칠 개월 된 손녀가 웃자 따라 웃으며 함께 놀아주는 것이 할아버지의 당연한 일입니다. 꽃보다 더 예쁜 나머지 일방적으로 뽀뽀를 했더니 지어미와는 촉감이 달랐던지 밀치다가 할아버지의 얼굴에 손톱자국을 냈습니다. 속 모른 사람들은 아내와 싸운 것으로 오해하겠습니다.

어머니의 밭(121쪽) = 사람은 죽을 때까지 평생 어머니를 잊지 못합니다. 모성애는 너무 깊기 때문입니다. 그래서 위급한 일을 당할 때면 자신도 모르게 "어머니!"라고 외칩니다.

그런 어머니께서 초등학교시절 누나가 상장을 받아와도 여러 자식들 앞에서 좋은 내색을 하지 않고 밭으로 가셨습니다. 내가 또래들과 싸움을 했을 때도 싫은 내색을 하지 않고 밭으로 가셨습니다.

그때마다 왠지 나의 가슴은 미어졌습니다. 아마 누나에게는 겸손해야한다는 것과 나에게는 바른 길을 가라는 염원을 일하시는 밭에서 자식인 우리에게 빌어주셨을 것입니다.

‖ 후기後記 ‖

오월이 보채던 그날

이 남 기

(저자, 전주시 완산구 노송동장)

이 시집 『빼꾹새 울겠다』의 내용을 다 엮어 가제본을 해놓고 발문을 받을 요량으로 전북문인협회장인 정군수 시인님께 전화를 했다. 전혀 외람된 일은 아니었다. 2009년 봄, 첫 시집 『사랑하는 이유』를 낼 때도 정군수 시인님의 발문을 받았기 때문이다. 그분이 그때는 전주문인협회장이었다.

이남기 = 「회장님! 잘 계시지요? 저 늘네입니다. 제가 문예진흥기금을 지원받아 6월에 시집을 내고자 하는데 발문을 부탁하려고 전화를 드렸습니다.」

정군수 = 「아! 반가워요, 늘네님. 시집을 또 내신다니 축하드려요. 제가 지금 늘네님의 고향인 장수군 모모회관에서 있는 행사에 초청 받아 왔는데 저를 잘 아시니까 그냥 말씀드리겠습니다. 발문을 당연히 써드려야 하겠지만 6월이면 이제 두주 남았는데 솔직히 쓸 자신이 없습니다. 물론 쓰면 쓰겠죠. 그렇게 써드리는 것은 마음이 허락하지 않아요. 내일도 모레도 계속 행사가 있어요. 시간에 쫓기다보니 마음의 여유가 도대체 없네요. 정말, 정말 미안합니다!」

사정이 이래서 여러 시성詩聖을 대입代入해보았으나 한번 마음먹었던 일이 꼬이고 나니 내키지 않았다. 하여 원론적으로 생각해보기에 이르렀다.

발문이란 뭔가? 발문이란 문학용어로서 책의 끝에

본문 내용의 대강大綱이나 간행 경위에 관한 사항을 간략하게 적은 글이다. 그렇다면 누구보다 저자가 쓰는 것이 가장 바람직할 것이다. 그럼에도 불구하고 발문은 언제부터인가 지인에 의해 작성되는 것이 관례가 되었고 그 발문 또한 인간관계 때문에 칭찬만 해야 하는 글이 되었다. 그런 나머지 일부 회피를 당해온 것이 사실이며 혹자들은 시집의 치장 정도로 치부하기도 한다. 그래서 이를 극복하기 위해 글맛이 다소 쫀쫀한 평론형태의 서평書評이 요즘 추세다. 그렇다고 내 스스로 대강이나 간행 경위를 쓴다는 것은 멋쩍고 재미없는 일이어서 가제본한 시집을 책상에 던져 놓고 창밖을 훔쳐보았다. 바깥세상은 오월의 신록과 세월을 유혹하는 아카시아 꽃향기로 가득했다. 난 그 세상을 거닐며 한 편의 장시長詩를 썼다.

오월이 보채던 그날

새벽녘 나뭇잎에 부딪는 가랑비 소리가 추적추적 내게로 와서 가슴을 적시었다. 아침밥을 먹고 나니 비는 멎어 있었다. 쪽창으로 멀리 보이는 세상이 청순한 새댁처럼 다소곳하다. 모처럼 바람이나 쐬려고 나섰다. 동네 어귀에 있는 소금이네 가게는 늦잠을 즐기고 있나보다. 질세라 나도 콧노래를 치근치근 부르며 걸었다.

삼거리에 노점상을 벌인 노파는 아직 햇살이 여물지도 않았는데 시들시들하다. 하지만 갖은 푸성귀는 서슬이 퍼렇고 새색시 뺨처럼 동그란 소쿠리에는 입술처럼 붉은 앵두가 소복이 담겨있다. 그것이 꼭 빨간 신호등 같은 착각이 들어 발걸음을 묶고 서있을 뿐인데 당치도 않은 내게 노파는 1,000원이라고 외치며 눈을 맞추려고 애쓴다. 나는 노파의 시선을 겨우 외면하고 킁- 킁- 콧바람을 내뱉으며, 자동차 제어판에서 발을 떼는 순간 가속기를 밟아야 하듯 곧장 용수철처럼 튀기는 걸음으로 한참을 갔다.

그곳엔 뻥튀기장수가 있었다. 때마침 그것을 만들고 있었는데 뻥- 뻥- 나는 소리가 다소 답답했던 가슴을 시원하게 해주었다. 잠시 들여다보니 겨우 한 수저도 안 되는 쌀 몇 톨을 틀에 넣고 손잡이를 이리 이리하니 보름달만한 뻥튀기가 만들어지곤 한다. 그리 짐작은 했었지만 이 참에 제대로 알았다. 이처럼 우리 인생도 뻥튀기를 할 수 있을까? 이 질문에 나는 무의식적으로 고개를 저었다. 내 딴에 자문자답을 해 보는 것이었는데 누가 봤더라면 좀 모자란 사람으로 여겼을 것이다. 그런 꼴로 또 한참을 갔다.

거기는 장례차가 신호등에 붙들려 꼼짝도 못하고 서있었다. 빌어먹을! 죽은 자에게도 교통신호가 유효할까? 그런가 하면 산자들 가운데 뻔뻔한 몇몇은 구렁이 담 넘듯 도로를 엇질러 슬슬 건너가기도 했다. 이럴 때는 서있는 자만 겸연쩍다. 민주사회는 뭐든 과반수면 충분하다. 그렇다고 찬성하지 않은 소수가 바보는 아니다. 그 소수는 소금과 같이 반부패의 역할을 해주리라. 이런 저런 생각을 하면서 나는 그 소수처럼 서있었다.